Sérgio Simka

Do mesmo autor de Português não é um Bicho-de-sete-cabeças

"Erra-se demais no acento grave. (...) Alguém poderia concluir por falta de ensino. E é o contrário: ´ensino´ demais. Alunos errando além do razoável me deixaram sempre uma certeza: andaram-lhes ´ensinando´ a crase."

(Celso Pedro Luft)

Crase não é um Bicho-de-sete-cabeças

Copyright© Editora Ciência Moderna Ltda., 2009.
Todos os direitos para a língua portuguesa reservados pela EDITORA CIÊNCIA MODERNA LTDA.
De acordo com a Lei 9.610 de 19/2/1998, nenhuma parte deste livro poderá ser reproduzida, transmitida e gravada, por qualquer meio eletrônico, mecânico, por fotocópia e outros, sem a prévia autorização, por escrito, da Editora.

Editor: Paulo André P. Marques
Produção Editorial: Camila Cabete Machado
Diagramação: Janaína Salgueiro
Capa: Cristina Satchko Hodge
Assistente Editorial: Aline Vieira Marques

Várias Marcas Registradas aparecem no decorrer deste livro. Mais do que simplesmente listar esses nomes e informar quem possui seus direitos de exploração, ou ainda imprimir os logotipos das mesmas, o editor declara estar utilizando tais nomes apenas para fins editoriais, em benefício exclusivo do dono da Marca Registrada, sem intenção de infringir as regras de sua utilização. Qualquer semelhança em nomes próprios e acontecimentos será mera coincidência.

FICHA CATALOGRÁFICA

SIMKA, Sérgio
Crase não é um Bicho-de-sete-cabeças
Rio de Janeiro: Editora Ciência Moderna Ltda., 2009.

1. Gramática da Língua Portuguesa
I — Título

ISBN: **978-85-7393-767-1**   CDD 469.5

Editora Ciência Moderna Ltda.
R. Alice Figueiredo, 46 – Riachuelo
Rio de Janeiro, RJ – Brasil   CEP: 20.950-150

Tel: (21) 2201-6662/ Fax: (21) 2201-6896
LCM@LCM.COM.BR
WWW.LCM.COM.BR

Sumário

Coisa feia 1

A crase não é um bicho-de-sete-cabeças,
é um delicioso pudim de coco 5

O que as pessoas acham 9

O que os especialistas dizem 15

Como o pessoal vê o assunto 19

Não é o que parece 25

A questão morfossintática 37

O segredo da crase 47

Doze erros mais comuns 51

Ponha na cabeça 69

Pesquisa de campo 85

Mãos à obra 93

Respostas 99

Breve consideração 103

O autor 107

A crase é, sem a menor sombra de dúvida, um assunto que dá calafrios a muita gente.

Muita gente é maneira de dizer. A milhões de pessoas.

Atire o primeiro livro de gramática quem nunca, diante de um inofensivo a, numa redação escolar, num artigo para jornal ou mesmo num trabalho acadêmico, ficou suando que nem doido para saber se aquele maldito a recebia ou não acento.

E é interessante observar que, apesar de a crase fazer parte dos conteúdos programáticos desde as séries iniciais até a universidade, parece que não tem sido devidamente compreendida pelas pessoas.

Porque entra ano, sai ano, parece que se sabe cada vez menos sobre crase. Ou não é exatamente isso que a experiência mostra?

E esse desconhecimento – óbvio – vai se espalhar e inundar o nosso dia-a-dia. Quem por acaso nunca leu num panfleto de pizzaria expressões tipo assim (valha-me, Deus!), digo, expressões como "forno à lenha", "entrega à domicílio" ou "de segunda à domingo"?

O quadro fica pior quando os erros aparecem em material escrito proveniente de segmentos que deveriam, em tese, zelar pelo bom uso do idioma, como as instituições de ensino (para ficarmos somente aí):

- "Vias de acesso à Santo André" (fôlder de faculdade);

- "Viagem à Nova York" (órgão informativo de um centro universitário);

- "de 18 à 22 de junho" (cartaz de congresso);

- "22 à 24 de maio" (cartaz de congresso de fisioterapia).

Assim, este livro se destina a acabar definitivamente com as dúvidas que muitos têm sobre o assunto e pôr na cabeça dos novos a segurança do conhecimento, pois pretende cortar o mal pela raiz.

Por isso, foi escrito:

> aos que vão começar a estudar a crase pela primeira vez e que, por esse motivo, devem começar bem.

> aos que estão no meio do caminho, ou seja, estão vendo o assunto e que, por essa razão, devem compreendê-lo bem.

> aos que passaram pela escola e precisam ver novamente o assunto.

> aos que entraram na faculdade e vão vê-lo de novo.

> aos que nunca entenderam o bendito assunto, independentemente de onde estejam e da titulação que tenham.

> aos professores de Língua Portuguesa, como a última tentativa para que não abandonemos a profissão e resolvamos vender cachorro-quente.

Portanto, este livro surge para mostrar que crase não é um bicho-de-sete-cabeças. E quando as pessoas começarem a conhecer de fato o assunto, notarão que também estarão crescendo pessoal e lingüisticamente.

E crescer pessoal e lingüisticamente deve ser o objetivo de um ensino de português preocupado com o ser humano.

Sérgio Simka

www.sergiosimka.com

A crase não é um bicho-de-sete-cabeças, é um delicioso pudim de coco

A fim de que o assunto que você passará a ver tenha um gosto todo especial e, no fim, seja agradavelmente saboreado, identificaremos a crase como um delicioso pudim de coco.

Crase = um delicioso pudim de coco

A educação nos diz que, quando vamos a uma festa de aniversário, não devemos comer todo o bolo (ainda que venha coberto de chantili), mas apenas um ou dois pedaços (ok, três no máximo, dependendo de nossa amizade com o dono da festa e da nossa disposição estomacal).

Saborearemos, portanto, esse delicioso pudim ao longo deste livro, em fatias que vão dar água na boca.

Porque a crase, na verdade, não passa desse grande e apetitoso pudim de coco. Tão gostoso que, se soubermos apreciá-lo, degustando cada pedaço como se fosse o último, certamente as pessoas não fugiriam de medo, e sim não veriam a hora de pôr os caninos nele.

Que a nossa escola se transforme numa doçaria onde o professor se torne o *chef* que faça com que os tópicos gramaticais se convertam não só em pudins de coco, mas em bolos de chocolate, brigadeiros, trufas, etc., ou seja, em assuntos que estimulem e dêem prazer. Pois os alunos sairão dessas aulas com aquela sensação de "quero mais".

Não é isso que está faltando ao nosso ensino de língua portuguesa? Um pouquinho do gosto de um pudim de coco?

O que as pessoas acham

De **Aline Belle**, graduada em letras:

"Uma das grandes armadilhas da nossa língua é quando há ocorrência, ou não, da crase. Muitos acabam utilizando o acento indicativo na intuição, no chute, apesar das normas. E ao recorremos à teoria, na busca de um esclarecimento, para nos enlouquecer um pouquinho mais, as gramáticas mencionam que existe o uso facultativo do acento de crase."

De **Elisa Vazquez**, graduanda em letras:

"Somente fui aprender a real função da crase na universidade, onde pude ver e analisar suas diversas regras. Crase não é algo fácil de entender e também não podemos pensar que hoje eu irei dormir e amanhã saberei todas as regras de cor e salteado. Para entendê-las, é necessário disposição para estar atento a seu uso."

De **Alessandra Simões dos Santos**, graduanda em letras:

"Eu, sinceramente, tenho algumas dificuldades em relação à crase (hummm... será que esse ′a′ tem o acento indicativo da crase?); embora eu não conheça muito bem todas as regras, consigo me sair bem com o seu uso. Uma de minhas dúvidas é a seguinte: a crase vai depender de cada contexto, do sentido ou sempre ocorrerá dentro de regras?"

De **Fabiana Siqueira Durantt**, graduada em letras:

"A primeira dificuldade que encontrei foi sempre saber se o ´a´ que eu escrevia levaria acento ou não e o porquê. Durante 11 anos de minha vida, aprendi tudo errado, pois só quando entrei na faculdade é que descobri o seu verdadeiro significado, a sua verdadeira colocação e sua verdadeira pronúncia. Não é incrível??? Só depois de 11 anos é que fui aprender a utilizar corretamente esse tão temido acento, que devemos chamar de acento grave (que também só aprendi na faculdade!)."

De **Andréa Zafani**, graduanda em pedagogia:

"Existem algumas regras para a utilização do acento grave indicador da crase, porém nem sempre lembramos como e quando aplicá-las. Particularmente já tive e ainda tenho, algumas vezes, dúvidas na aplicação desse acento. Para muitos, as regras são um ´bicho-de-sete-cabeças´, mas se forem bem apresentadas, com certeza, as dificuldades logo desaparecem."

De **Cleonildo Sena Santos**, graduado em letras:

"Um dos motivos de dúvidas dos alunos é quanto ao uso do ´a´ como preposição, uma vez que regência verbal é algo monstruoso para eles. Outra loucura para o entendimento deles é quanto ao uso em relação aos numerais. Eles fazem muita confusão na obrigatoriedade do uso no caso das horas e do não-uso antes de numerais. Há muito erro nas expressões que determinam período. Exemplo: Não haverá aula no período de 13 a 20 de maio no horário das 13h às 20h. Mas o erro maior continua sendo o uso antes de verbos.

Para nós, professores, iniciar o estudo da crase torna-se complicado porque temos de rever assuntos básicos referentes a verbos, como transitividade, objeto direto e objeto indireto. Além disso, um assunto tão simples como artigo torna-se um martírio, pois depois para eles entenderem preposição é um caos. Procuro aprofundar o estudo da crase no 3º ano (do ensino médio). Faço isso porque entendo que nessa série, havendo um aprofundamento maior também no estudo das dissertações, o aluno irá desenvolver melhor sua escrita."

De **Evelise Cristina Feliciano**, graduanda em letras:

"A crase é sempre um dos grandes problemas que encontro quando escrevo. Nunca sei quando usar o acento corretamente. Procuro seguir as regrinhas existentes e sempre carrego em meio às minhas coisas uma cópia das benditas regrinhas e mesmo assim fico com medo desse acento tão complicado."

De **Zenaide Mota dos Santos**, graduada em letras:

"O ser humano só assimila aquilo que tem algum significado para ele. Entender e saber detectar a existência ou não do fenômeno da crase é muito difícil para a maioria dos estudantes de nossa língua. Geralmente, professores, redatores, escritores, etc., assimilam mais fácil esse assunto por ser ferramenta de trabalho. Alunos, de um modo geral, levam mais tempo para fixar esse conceito porque geralmente só é cobrado em uma ou outra avaliação. Meus alunos sentem a mesma dificuldade de aprender o fenômeno da crase assim como eu sentia quando era ainda estudante."

O que os especialistas dizem

De **Celso Pedro Luft**, em seu *Língua e liberdade* (Editora Ática):

"A crase, sabemos, parece um mistério insondável. Tanto mais insondável quanto mais regras tentam meter na cabeça do aluno. É possível uma criança intuir a noção de crase pela simples leitura e observação do comportamento dos ´aa´. No entanto, até universitários e portadores de diploma, devidamente supernutridos de regras, dicas e macetes, perpetram disparates que dificilmente lhes ocorreriam se nunca lhes tivessem ensinado regras de crase."

De **Luiz Antonio Sacconi**, em seu *Não erre mais!* (Editora Atual):

"O assunto crase é tão mal compreendido, tão mal ensinado, que já se transformou num problema de Estado."

De **Deonísio da Silva**, em seu *A vida íntima das palavras* (Editora Arx):

"A crase é um dos mais temidos terrores de quem tem dúvidas de gramática."

De **Cláudio Moreno**, em seu *Guia prático do português correto*, vol. 3 (L&PM):

"Crase: esse incompreendido acento."

De **Celso Pedro Luft**, em seu *Decifrando a crase* (Editora Globo):

"Erra-se demais no acento grave. Por falta ou por excesso. Ausência de acento, em **aa** que são duplos, acento descabido no **a** simples."

E se me permitem:

> De **Sérgio Simka**, em seu *É pra mim colocar crase ou não?* (Musa Editora):
>
> "O assunto não está sendo alvo de uma proficiente explanação e compreensão em nossas escolas, cujo indício, sem sombra de dúvida, centra-se na ´clássica´ pergunta: ´Este a tem crase?´"

como o pessoal vi o assunto

Primeira situação

Em "Costumo ir à padaria logo que amanhece", o acento em à chama-se:

a) acento grave

b) acento agudo

c) acento circunflexo

d) crase

e) não sei o nome do raio do acento, e a padaria ainda está fechada.

O pessoal costuma assinalar a letra (d), achando que o acento se chama crase.

Segunda situação

De um professor de gramática de um cursinho:

- Vou dar agora um sistema para memorizar o uso correto da crase: é só substituir a palavra que vem depois do **a** pelo masculino correspondente. Se aparecer um **ao**, quer dizer que a crase deve ser usada.

O pessoal talvez concorde com o sistema para memorizar o uso correto da crase.

TERCEIRA SITUAÇÃO

Numa análise de um currículo publicada em jornal:

"Cuidado com o português. No original do currículo, havia crase no período trabalhado em cada empresa. O correto é nov/(...) a jul(...)..."

O pessoal acha que não há crase no período assinalado acima.

QUARTA SITUAÇÃO

Na seção **erramos** de um jornal:

"Na mesma página, faltou crase no título *Pólo interessa à empresa*."

O pessoal também costuma achar que faltou crase no título.

QUINTA SITUAÇÃO

De um jornal diário:

"Novo fascículo da coleção do DIÁRIO ensina uso da crase"

O pessoal deve ter comprado o fascículo para aprender o uso da crase.

Sexta situação

De um aluno:

- Prôfi *, esse a tem crase?

O pessoal tem feito a mesma pergunta a seu professor.

---

* = professor

Não é o que
parece

Fique sabendo que o pessoal, professores, consultores, jornalistas, alunos, que todo o mundo, inclusive você, está cometendo um descomunal engano, tão enorme a ponto de aparecer como o mais provável causador de a crase ser considerada um assombroso bicho-de-sete-cabeças e como tal ser mal assimilada.

Pois, ao contrário do que a maioria pensa, ao contrário do que tem sido amplamente difundido e ao contrário mesmo do que tem sido ensinado...

(continue na outra página, por favor, e não se assuste)

CRASE

É

NOME DO ACENTO.

E se não é, crase é o quê?

Uma boa pergunta...

Portanto, para assimilar para toda a vida...

(veja a página seguinte)

CRASE

é o nome que se dá à fusão (ou união) de duas vogais idênticas (aa) em uma só (a).

E essa fusão, na escrita, vem representada pelo acento grave

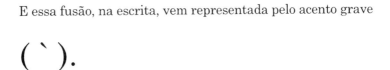

Ora, então quando é que o **a** vai ter crase?

Quer saber mesmo a resposta?

Lógico, cabeção!

Pois a resposta está na outra página.

Peguei você...

Resposta:

NUNCA.

O **a** nunca vai ter crase. O que ele pode ter é acento grave, pois crase NÃO é o nome do acento.

Você deve tirar imediatamente da cabeça essa história de que crase é acento.

Mentalize mil vezes:

crase NÃO é acento.
crase NÃO é acento.
crase NÃO é acento.
crase NÃO é acento.
crase NÃO é acento.

(Parou por quê?)

Crase, como vimos, é a união de duas vogais idênticas em uma só, é a união de dois aa (leia-se **ás**; é a maneira de escrever o plural da letra a) em um único a.

Agora, ponha na cabeça de uma vez por todas:

O ACENTO GRAVE (`) é que INDICA a fusão de dois aa; é o ACENTO INDICADOR DA CRASE, da união de dois aa.

Por isso, aquela pergunta "Esse a tem crase?" está mal formulada, devendo ser substituída depressa por: "Esse a tem **acento grave?**"

O **a** não tem crase em lugar nenhum; o **a** pode ter é acento grave, indicador da crase, da união de dois aa.

Está compreendendo? Até aí tudo bem?

Então vou fazer uma verificaçãozinha.

Por exemplo, se eu disser

ολκπτξμζασδφγυιο!!!!

(ou melhor)

Vou à padaria.

Primeira pergunta: ocorreu crase?

Segunda pergunta: por quê?

Terceira pergunta: como é o nome do acento no a?

Quarta pergunta: você está bem?

Tempo: meio minuto.

Sua resposta: _____

Minha resposta:

Não vale olhar. Por isso, ela vem mais abaixo.

Minha resposta:

Como você é curioso, hem? Já respondeu? Se positivo, pode ver a minha resposta.

Resposta:

Qual é mesmo a pergunta?

A resposta está mais embaixo, meu bem.

Resposta:

Ocorreu crase porque houve a fusão ou a contração de dois aa. Para indicar tal fusão, utilizou-se o acento grave (`).

Parabéns. Você tem o direito de descansar três minutos. Vá preparar um sucozinho de caju. Mas volte correndo.

A questão morfossintática

Agora, quer saber qual a função que esses dois aa exercem?

Como a crase é a fusão de dois aa e embora não apareçam explicitamente na seqüência, cada um possui uma função muito importante, diria de fundamental influência para o entendimento do assunto, já que, como sabemos, crase não é acento, correto?

Pois voltemos à padaria. Quer dizer, àquela seqüência:

Vou à padaria.

Houve crase porque houve a contração de dois **aa**. Muito bem; agora, muita atenção:

o primeiro **a** se refere ao verbo **vou** (pois quem vai, vai a algum lugar; trata-se de uma questão de regência verbal, porque o verbo **vou** precisa ser completado pela preposição **a**, aliás o verbo **vou** exige a presença da preposição **a**);

o segundo **a** se refere à palavra feminina **padaria**, que a acompanha, pois ela admite o artigo feminino **a** (trata-se de uma questão de morfologia, porque a palavra feminina admite o artigo feminino **a**).

A fusão do **a** do verbo *ir* + o **a** da palavra feminina *padaria* resulta no **à**.

Complicou?

Não se descabele.

Peguemos então a mesma seqüência e façamos uma divisão à luz dos seus elementos, fornecendo os competentes nomes, conforme a gramática:

                    (4)
                   À (3)

Vou   a   a   padaria.
verbo   **preposição**   **artigo def. fem.**   **subst. fem.**
               (1)   (2)

Observe que:

(1) O primeiro **a** tem valor de preposição, e vai estar ligado, no caso, ao verbo **ir**, pois quem vai, vai **a** algum lugar;

(2) O segundo **a** tem valor de artigo definido feminino, e vai estar ligado ao substantivo feminino, que é a palavra padaria;

(3) A **crase** resulta da fusão (ou contração) da preposição **a**, exigida pelo verbo **ir** (quem vai, vai **a** algum lugar), com o artigo feminino **a**, pedido por um substantivo feminino (padaria).

(4) O **acento grave** no a (`) representa a **crase**, ou seja, indica que houve a fusão de duas vogais idênticas em uma só.

Ficou melhor?

Eis o fundamento da crase: a união de dois **aa**, em que o primeiro **a** tem a função de preposição e vai ligar-se SEMPRE a um verbo que exige essa preposição; e em que o segundo **a** tem a função de artigo definido feminino e vai ligar-se SEMPRE a uma palavra feminina, que admita esse artigo.

Desse fundamento podemos extrair a regra que norteará todas as nossas produções sobre o assunto:

> Ocorrerá crase da preposição **a** + artigo definido feminino **a** (ou **as**):
>
> a) se o verbo (termo da esquerda) exigir a preposição **a**;
>
> b) se o substantivo feminino (termo da direita) admitir artigo **a** (ou **as**).

Assim, na oração

> Minha sogra não quis ir **à** praia comigo. (por que será?)

ocorreu crase porque a sogra, quer dizer, o verbo **ir** exige preposição **a**, e o substantivo feminino **praia** admite artigo feminino **a**.

Se essas duas situações não ocorrerem simultaneamente, concomitantemente, ao mesmo tempo, na mesma seqüência, não há como ocorrer a crase.

Na oração

Conheço **a** menina.

não ocorreu crase porque, apesar de a palavra **menina** ser um substantivo feminino e admitir artigo **a**, ela não depende de palavra (verbo) que exija preposição **a**, pois o verbo **conhecer** não exige preposição (quem conhece, conhece alguém).

Na oração

Voltei **a** casa logo depois da única aula.

também não ocorreu crase porque, apesar de o verbo **voltar** exigir preposição **a** (quem volta, volta **a** algum lugar), o substantivo **casa**, que é feminino, NÃO admite artigo **a**.

Vamos checar se você deu para entender.

Justifique a ocorrência ou não da crase com base na regra que acabou de ver:

1) Esse dia traz lembranças à vovó.

2) Mil pessoas vão a protesto da oposição.

3) Cautela volta a dominar o time.

4) Prometa que resistirá às críticas.

5) Ele ganhou a vaga de goleiro.

6) O papo do professor não empolgou a galera.

7) Pedro atende a pedido dos pais e vai a Brasília visitá-los.

8) "Escola ensina a arte do tênis a 200 crianças da periferia."

9) Entidade dá abrigos a idosos.

10) Desisti de viajar à Colômbia.

11) "Dê a seu filho a chance de ser um vencedor."

Como fazer para resolver os exercícios?

Fácil. É só empregar a regra; o que ela diz? Para que ocorra a crase, é necessário que as duas situações se realizem simultaneamente. Se não aparecer o acento grave, sinal de que a crase não ocorreu; se não ocorreu, é porque uma situação da regra não foi observada.

Vamos tentar?

Confira com o que você fez.

Respostas:

1) Ocorreu crase porque o verbo **traz** exige preposição (no caso, traz alguma coisa (= lembranças) **a** alguém); **vovó** é palavra feminina, que admite artigo.

2) Apesar de o verbo admitir preposição (**vão a**), **protesto** repele o artigo feminino, por se tratar de palavra masculina.

3) Apesar de o verbo exigir preposição (**volta a**), **dominar** não admite artigo, pois é um verbo.

4) O verbo **resistir** exige preposição **a**, e **críticas** é palavra feminina no plural, que admite o artigo feminino no plural.

5) O verbo **ganhou** não exige preposição **a**, embora **vaga** admita o artigo feminino **a**.

6) O verbo **empolgou** não exige preposição **a** (**empolgou** alguém e não **a** alguém), embora **galera** admita o artigo **a**.

7) Apesar de o verbo exigir preposição (**atender a**), **pedido** é palavra masculina. E apesar de o verbo também exigir preposição (**vai a**), Brasília, que é uma palavra feminina, não admite o artigo **a**.

8) **Atenção:** o verbo **ensinar** pede dois complementos. No primeiro caso, **ensinar** não exige preposição, apenas a palavra feminina admite o artigo (escola ensina **a** arte). No segundo caso, **ensinar** exige preposição, mas o termo da direita não vai admitir artigo (ensina **a** 200 crianças).

Complicou? Porque quem ensina, ensina alguma coisa (a arte) a alguém (a 200 crianças).

9) Apesar de o verbo exigir preposição (**dá a**), **idosos** é palavra masculina no plural.

10) **Viajar** exige preposição **a** e **Colômbia** é palavra feminina que admite o artigo **a**.

11) O verbo **dar**, aqui, também pede dois complementos. No primeiro caso, **dar** exige preposição (**dê a**), mas o termo seguinte (seu filho) não admite artigo. No segundo caso, **dar** não exige preposição, mas a palavra feminina admite artigo **a** (dar **a** chance). Pois quem dá, dá a alguém (a seu filho) alguma coisa (a chance).

O segudo da
crase

A crase é a contração da preposição "a" com o artigo feminino "a", por isso é condição essencial que ela ocorra com palavra feminina.

É necessário também que a palavra dependa de outra que exija a preposição "a".

E por último: é imprescindível que a palavra admita o artigo feminino "a".

Por exemplo, na frase "Eu fui a Mauá", não podemos acentuar o "a" que antecede "Mauá" porque ela não admite antes de si o artigo feminino "a". Dizemos: "Mauá é cidade linda", e não "A Mauá...". Isso prova que o "a" da frase "Eu fui a Mauá" é simples preposição, que faz parte do verbo "ir", pois o verbo exige a preposição "a" (quem vai, vai A algum lugar).

Doze erros mais comuns

Além do conceito errado, difundido numa proporção espantosa, de que crase é acento, a utilização do acento grave, pela maioria das pessoas em suas produções escritas, tem mostrado o mais completo desconhecimento sobre o assunto.

E não importa o tipo de produção escrita: encontramos erros no emprego do acento grave em jornais, revistas, panfletos, cartazes, faixas, placas, documentos oficiais. Em resumo, em qualquer material que tenha por suporte a palavra escrita.

Eis um fato: o desconhecimento é grave.

Para combatê-lo só mesmo o... conhecimento! É por demais óbvio, mas para chegarmos ao conhecimento utilizaremos como caminho as mesmas situações lingüísticas a que estão expostas centenas de pessoas em seu cotidiano. Evidentemente, o foco recairá sobre a forma correta de utilizar o acento grave.

Ao apresentarmos mais de quarenta (40) exemplos reais extraídos das mais diversas situações do dia-a-dia, com base nas quais propomos as respectivas regras, temos por objetivo fazer com que a assimilação dessas regras seja mais produtiva, na medida em que elas terão como apoio não só a visualização da forma correta, como também o contexto do qual se originaram, comum a centenas de pessoas.

Some-se a isso o fato de que se trata dos doze casos mais comuns, ou seja, há uma freqüência regular no emprego (ou não) do acento grave indicador da crase nessas situações lingüísticas.

PONHA NA CABEÇA A REGRA N. 1

"Entrega **a** DOMICÍLIO" (panfleto de supermercado) *

"... foi candidato **a** DEPUTADO Estadual..." (propaganda de candidato a vereador)

"Nota fiscal de venda **a** CONSUMIDOR" (nota fiscal)

"... **a** CONVITE da reportagem..." (jornal de circulação nacional)

"**A** SÉRGIO Simka..." (correspondência de uma prefeitura da região do ABC paulista)

As palavras destacadas são MASCULINAS, e crase odeia essas palavras, ela só se aproxima de palavras femininas.

Por isso, NÃO USE o acento grave antes de PALAVRAS MASCULINAS.

---

* Atenção: **Não** diga "Entrega a domicílio" e sim "Entrega **em** domicílio".

PONHA NA CABEÇA A REGRA N. 2

"Matrículas abertas **a** PARTIR de junho..." (panfleto de colégio particular)

"Sabe por que eu voltei **a** FUMAR?" (jornal da região do ABC paulista)

"Preços válidos **a** PARTIR de..." (panfleto de restaurante)

"Dentaduras **a** PARTIR de..." (panfleto de dentistas)

NÃO USE o acento grave antes de VERBOS.

PONHA NA CABEÇA A REGRA N. 3

"Osasco: DOMINGO a DOMINGO...

São Bernardo: DOMINGO a DOMINGO...

Central Plaza: DOMINGO a DOMINGO...

Santo André: DOMINGO a DOMINGO..." (panfleto de uma grande rede de supermercados)

NÃO USE o acento grave nas EXPRESSÕES FORMADAS POR PALAVRAS REPETIDAS.

PONHA NA CABEÇA A REGRA N. 4

"A oficina é destinada a EDUCADORES da rede municipal de ensino..." (de um jornal diário do ABC paulista)

"Espaço reservado a NOTÍCIAS de seu bairro" (boletim informativo de imobiliária)

"... poderão esclarecer hoje, ao vivo e a CORES, as polêmicas..." (jornal da região do ABC paulista) *

NÃO USE o acento grave quando o A (sem s) ESTIVER ANTES DE UMA PALAVRA NO PLURAL.

Observação: No entanto, se o **a** estiver no plural, coloque o acento grave:

Denise sempre vai **às** festas com sua prima.

---

* Atenção: **Não** diga "TV a cores" e sim "TV **em** cores".

PONHA NA CABEÇA A REGRA N. 5

"Queremos agradecer **a** TODOS que estiveram conosco..." (revista de circulação nacional)

"Vimos, pelo presente, solicitar **a** VOSSA SENHORIA que..." (ofício de vereador)

"Graças **a** ELA, os bonitões da história..." (jornal de São Paulo)

"**A** ESSA altura, funcionários do local..." (jornal da região do ABC paulista)

"Para alteração, dirija-se **a** QUALQUER Agência..." (talonário de cheque de banco)

"... mas sim voltados **a** TODA a comunidade" (propaganda de candidato a vereador)

"O Residencial oferece isso e muito mais **a** VOCÊ e sua família..." (panfleto de construtora)

"Estamos informando que até a data de emissão deste aviso não acusávamos o pagamento da prestação acima, referente ao financiamento concedido **a** VOSSA SENHORIA.

Atenciosamente,

DEPARTAMENTO DE COBRANÇA" (carta das Casas Bahia)

Observação: Você acertou: a carta foi endereçada ao Autor. Do que é que está rindo? Por acaso nunca ficou devendo?

Outra observação: A prestação já foi regularizada.

NÃO USE o acento grave antes de PRONOMES em geral.

PONHA NA CABEÇA A REGRA N. 6

"Mauá se associou **a** UM grupo de banqueiros..." (jornal da região do ABC paulista)

"... o cantor não pôde apresentar seu programa devido **a** UMA queda de pressão." (jornal de São Paulo)

"Na visita ao nosso stand, você já estará concorrendo **a** UMA moto..." (panfleto de construtora) *

NÃO USE o acento grave antes dos ARTIGOS INDEFINIDOS UMA e UM.

---

* Atenção: **Não** escreva "stand" e sim **estande**.

PONHA NA CABEÇA A REGRA N. 7

"... o então corregedor-geral da Justiça do Trabalho foi **a** JOÃO PESSOA e resolveu afastar todos os juízes..." (jornal de circulação nacional)

"O cantor resolveu levar **a** BRASÍLIA a briga que vinha travando..." (jornal de São Paulo)

"Principais vias de acesso **a** SANTO ANDRÉ" (material de divulgação de uma conceituada instituição de ensino superior, com câmpus no ABC paulista)

NÃO USE o acento grave antes de NOMES DE CIDADES.

Observação: No entanto, se o nome da cidade vier determinado, empregue o acento:

Você pretende ir **à ensolarada** Fortaleza?

Fará uma outra viagem **à** Roma **dos Césares**?

PONHA NA CABEÇA A REGRA N. 8

"Forno **a** LENHA" (panfleto de pizzaria)

NÃO USE o acento grave antes de EXPRESSÕES FEMININAS QUE INDICAM INSTRUMENTO OU MEIO.

Outros exemplos:

"Atentado **a** BOMBA fere 13 na Espanha"

"Discussão é resolvida **a** BALA"

PONHA NA CABEÇA A REGRA N. 9

"... quando fui vereador, no período de 89 **a** 92..." (propaganda de candidato a vereador)

"Validade: de 25/04 **a** 06/05/--." (panfleto de uma grande rede de supermercados)

"Período: 1º Módulo 17 **a** 29/01/--

2º Módulo 03 **a** 15/07/--

3º Módulo 15 **a** 27/01/--" (fôlder sobre pós-graduação de uma universidade federal)

"Período: 21/08/-- **a** 25/08/--" (panfleto de uma prefeitura da região do ABC paulista)

"**a** 8 min. do metrô Jabaquara" (panfleto de construtora) *

NÃO USE o acento grave antes de NUMERAIS.

Observação: No entanto, você colocará o acento grave se o numeral vier precedido de artigo (o numeral passa a ser determinado):

Enviei meu currículo **às** cinco faculdades da região.

---

* Atenção: **Não** abrevie min. (minuto) com ponto e sim **min**, sem ponto; e de preferência, grafe próximo ao numeral: 8min e não 8 min.

PONHA NA CABEÇA A REGRA N. 10

"Prefeitura participa de dia CONTRA a dengue" (de um jornal diário do ABC paulista)

"... o processo de expulsão está condicionado à situação do traficante PERANTE a Justiça..." (jornal de São Paulo)

"Receitei um remédio e ela me disse que estava ali DESDE as 6h para tomar..." (do mesmo jornal)

"O restabelecimento da opção de pagamento anteriormente firmada por Vossa Senhoria, voltará a ocorrer imediatamente APÓS a regularização do débito pendente." (aviso de um banco) *

Observação: O débito já foi pago.

NÃO USE o acento grave depois de PREPOSIÇÃO (desde, contra, perante, para, após, etc.).

---

* Nota: No aviso do banco aparece uma vírgula que não deveria estar ali, pois não pode haver quebra de ligação entre sujeito (O restabelecimento da opção de pagamento anteriormente firmada por Vossa Senhoria) e predicado (voltará a ocorrer...).

PONHA NA CABEÇA A REGRA N. 11

"Entregas de 2ª **a** SÁBADO" (panfleto de sacolão) *

"Horário: Seg. **a** SEXTA" (panfleto de loja de produtos para indústria e construção)

"Ligue grátis: 0800 121520

Das 09:00 às 21:00 hs. de Segunda **a** SEXTA" (carta da Telefônica S.A.)**

NÃO USE o acento grave antes dos DIAS DA SEMANA.

---

* Atenção: **Não** escreva os dias da semana em português com letra maiúscula e sim com letra minúscula (sábado, sexta, domingo, etc.).

** **Não** abrevie o número de horas desta forma: 09:00 às 21:00 hs. e sim: 9h às 21h, sem s, sem ponto e sem :00.

PONHA NA CABEÇA A REGRA N. 12

"... buscá-lo na sede da empresa das 7h **às** 18h..." (jornal da região do ABC paulista)

"As festividades terão início a partir das 10h e se encerrarão **às** 17h." (informativo de uma prefeitura da região do ABC paulista)

"No dia (...) **às** 14h30min fomos invadidos pela TV..." (informativo de colégio particular)

USE o acento grave antes da INDICAÇÃO DO NÚMERO DE HORAS, mesmo que a palavra **hora** não apareça na frase.

Exemplo:

A minha festa de aniversário começou **às** nove **horas** e **às dez** o pessoal já tinha ido embora.

Ponha na cabeça

Evidentemente, existem dezenas de outras regras que, se também não forem observadas, poderão manter o assunto naquele obscurantismo, o que de forma alguma é o nosso objetivo.

Então, fazemos-lhe o convite para passar as retinas por essas regras. Tudo bem?

Sua resposta: _____

Portanto, por favor, continue a leitura.

A propósito, está gostando deste livro?

Não precisa responder.

PONHA NA CABEÇA A REGRA N. 13

NÃO USE o acento grave antes da palavra CASA, quando tiver sentido de **lar**, de **residência**, do **lugar onde se mora**:

Chegou cedo **a** casa e ficou me esperando.

Observação: No entanto, se a palavra **casa** vier **determinada**, você deve utilizar o acento grave:

Na infância, costumava ir **à** casa **de vovó**.

Fizeram uma visita **à Casa Branca**.

PONHA NA CABEÇA A REGRA N. 14

NÃO USE o acento grave antes da palavra TERRA, usada no sentido de "chão firme", "terra firme":

Os marinheiros voltaram a terra para descansar.

Observação: No entanto, se a palavra **terra** indicar "região, local, pátria, planeta", ou vier com modificador, você usará o acento grave:

Eles voltaram à terra onde nasceram.

Finalmente, chegamos à terra **abençoada**.

Os astronautas regressaram à Terra.

PONHA NA CABEÇA A REGRA N. 15

NÃO USE o acento grave antes de NOSSA SENHORA e de NOMES DE SANTAS:

Pedi perdão **a** Nossa Senhora.

Fez uma prece **a** Santa Teresa.

PONHA NA CABEÇA A REGRA N. 16

NÃO USE o acento grave antes de NOMES DE MULHERES CÉLEBRES:

Na sua palestra o historiador se referiu **a** Maria Antonieta e **a** Ana Néri.

Ele me comparou **a** Joana d'Arc.

PONHA NA CABEÇA A REGRA N. 17

NÃO USE o acento grave antes da palavra DISTÂNCIA, quando houver indeterminação:

"Universidades apóiam o ensino a distância" (*Diário do Grande ABC*)

Observação: No entanto, você usará o acento grave se a palavra **distância** vier determinada:

A polícia manteve-se à distância **de cem metros** dos professores.

Segunda observação: Mesmo que a palavra **distância** venha com algum modificador, você não usará o acento grave:

Vi o Rei Roberto Carlos a **longa (pouca, certa, respeitável, boa)** distância.

PONHA NA CABEÇA A REGRA N. 18

NÃO USE o acento grave antes de NOMES DE PARENTESCO, PRECEDIDOS DE PRONOME POSSESSIVO:

"Nunca saio satisfeito das visitas que faço **a** minha mãe" (A. Olavo Pereira).

PONHA NA CABEÇA A REGRA N. 19

USE o acento grave antes dos PRONOMES SENHORA, SENHORITA e DONA:

Ofereceu bombons **à** senhora Esmeralda e **à** dona Filó, menos **à** senhorita. Não foi isso que aconteceu?

PONHA NA CABEÇA A REGRA N. 20

USE o acento grave nas EXPRESSÕES FEMININAS (LOCUÇÕES ADVERBIAIS) INDICATIVAS DE TEMPO, MODO, LUGAR (exprimem uma circunstância do verbo e por isso funcionam como advérbio):

Às vezes dona Isaura vem aqui, mas volta às pressas à
(tempo) (modo)
diretoria.
(lugar)

PONHA NA CABEÇA A REGRA N. 21

USE o acento grave nas LOCUÇÕES PREPOSITIVAS (À + PALAVRA FEMININA + DE):

Falido, o deputado estava **à espera de** ajuda do governo.

Venceu **à custa de** muito trabalho.

Outras expressões: à vista de, à beira de, à mercê de, à força de, à procura de, à frente de.

PONHA NA CABEÇA A REGRA N. 22

USE o acento grave nas LOCUÇÕES CONJUNTIVAS (À + PALAVRA FEMININA + QUE):

"**À medida que** os funcionários iam entrando, eram rendidos pelos assaltantes." (*Diário do Grande ABC*)

PONHA NA CABEÇA A REGRA N. 23

USE o acento grave quando ocorrer ou estiver subentendida a palavra MODA:

"Plástica **à** francesa" (*Diário do Grande ABC*)

PONHA NA CABEÇA A REGRA N. 24

USE o acento grave com as expressões À MODA DE, À MANEIRA DE, À SEMELHANÇA DE, mesmo que as palavras **moda** e **maneira** venham subentendidas:

Vestia-se **à maneira da** avó.

"Santos vai jogar **à Martinho da Vila**" (*Agora*)

PONHA NA CABEÇA A REGRA N. 25

USE o acento grave antes dos PRONOMES DEMONSTRATIVOS AQUELE(S), AQUELA(S), AQUILO, desde que o verbo exija preposição:

"O futuro pertence **àqueles** que acreditam na beleza dos seus sonhos" (Eleanor Roosevelt).

O diretor estava indiferente **àquela** rebelião no presídio.

"Precisava dar um nome **àquilo**. Ainda era ´aquilo´. Logo seria aquela a quem eu mais amaria neste mundo" (Carlos Heitor Cony).

PONHA NA CABEÇA A REGRA N. 26

USE o acento grave quando o SEGUNDO A FOR PRONOME DEMONSTRATIVO A ou AS. O a ou as pode ser substituído por **ao** ou **aos**:

Suas histórias são iguais **às** que seu irmão conta.

       a   as

(prep.)   (pron. demonstrativo)

(= aquelas)

(Seus **casos** são iguais **aos** que seu irmão conta.)

Trata-se de uma fazenda semelhante **à** que compramos.

(Trata-se de um **sítio** semelhante **ao** que compramos.)

PONHA NA CABEÇA A REGRA N. 27

USE o acento grave antes dos PRONOMES RELATIVOS A QUAL, AS QUAIS, se o masculino correspondente for **ao qual, aos quais**:

Esta é a festa **à qual** me refiro.

(Este é o baile **ao qual** me refiro.)

Elogiou as experiências **às quais** nos submetemos.

(Elogiou os testes **aos quais** nos submetemos.)

PONHA NA CABEÇA A REGRA N. 28

USE o acento grave antes dos NOMES DE LOCALIDADES, QUANDO TAIS NOMES ADMITIREM O ARTIGO A:

"Após 50 anos, fantasmas da 2ª Guerra voltam à Europa" (*Folha de S. Paulo*)

"Viola cancela viagem à Espanha" (*Diário do Grande ABC*)

PONHA NA CABEÇA A REGRA N. 29

USE o acento grave QUANDO ESTÁ SUBENTENDIDA UMA PALAVRA FEMININA QUE DESIGNE UM NOME DE EMPRESA OU COISA:

"Indústria química de Diadema passa a fornecer selante à General Motors" (*Diário do Grande ABC*)

(= **à empresa** General Motors)

O jornalista se referiu à Apollo 13.

(= **à nave** Apollo 13)

PONHA NA CABEÇA A REGRA N. 30

Você PODE USAR OU NÃO o acento grave antes de PRONOMES POSSESSIVOS FEMININOS:

Deram um presente **à (a) sua** professora?

Referiram-se **à (a)** minha secretária com malícia.

PONHA NA CABEÇA A REGRA N. 31

Você PODE USAR OU NÃO o acento grave antes de NOMES PRÓPRIOS DE PESSOA FEMININOS:

Dei **à (a)** Fernanda o que ela mais queria.

Disseram **à (a)** Raimunda o que ela precisava ouvir.

Observação: No entanto, você usará o acento grave se o nome vier especificado:

Regularmente, fazia referências **à** Luísa da outra série.

PONHA NA CABEÇA A REGRA N. 32

Você PODE USAR OU NÃO o acento grave com a PREPOSIÇÃO ATÉ:

"Motorista deve viajar até **às** (**as**) 18h para fugir do trânsito" (Agora)

Nota: O jornal utiliza a forma **até as**.

Pesquisa de campo

Diante daquelas considerações dos especialistas quanto ao fato de a crase ser mal compreendida, mal ensinada, diante, enfim, do fracasso que ronda esse assunto, você, caso também seja professor de português, quais as atitudes que adotaria para alterar esse quadro?

Apresentamos uma proposta que consiste na realização, por parte do aluno, de uma pesquisa centralizada na obtenção de material escrito que veicule o mau uso do acento indicativo da crase, cujo objetivo é sistematizar as regras sobre o assunto e extrair da análise empreendida uma reflexão pessoal.

A pesquisa será realizada em seis etapas, descritas a seguir:

1ª ETAPA: OBJETIVOS

Serão definidos como objetivos do trabalho:

> Proporcionar situações de aprendizagem que dêem ao aluno a oportunidade de desenvolver sua capacidade de questionamento da realidade a ser mais bem analisada.

> Estimular no aluno a capacidade de reflexão sobre a produção lingüística na modalidade do texto escrito.

> Estimular no aluno a capacidade para a pesquisa, elaboração e execução de projeto científico.

2ª ETAPA: DELIMITAÇÃO

➢ Pesquisar a produção lingüística na modalidade do texto escrito que contenha incorreções quanto ao uso do acento indicativo da crase.

Julgamos conveniente, nesse contato do aluno com a pesquisa, que o professor demonstre que toda pesquisa necessita ser delimitada para que se possa abordá-la com maior profundidade e eficácia. A delimitação possibilita ao pesquisador tratar o assunto dentro de limites fixos, circunscritos a uma determinada particularidade. A delimitação é um recurso de fundamental importância que faz com que o pesquisador não seja acometido da freqüente vontade de enveredar por caminhos que o distanciem do tema de suas preocupações.

Entretanto, nada impede que o professor, posteriormente, apresente ao aluno uma série de assuntos a serem delimitados. Com esse tipo de atividade, favorece-se o desenvolvimento no aluno da capacidade de restringir qualquer tipo de assunto, que lhe será útil, não só para estruturar um texto conceitual, como para estruturar futuras pesquisas de mestrado e doutorado.

3ª ETAPA: METODOLOGIA

➢ Coletar diferentes materiais escritos (cerca de 20).

➢ Registrar a procedência e a data da coleta dos referidos materiais, bem como sua especificidade.

A terceira etapa refere-se à metodologia, em que o professor discrimina os procedimentos que o aluno deve observar para realizar a pesquisa.

O primeiro procedimento concentra-se na obtenção de diferentes materiais escritos, cujo limite pode variar entre 10 e 20. O aluno deve registrar a procedência de todos os materiais, datando a coleta. Ou seja, deve ficar registrado de que forma o aluno obteve os materiais e quando os obteve. Tal procedimento se justifica porque sistematiza uma atitude necessária ao futuro pesquisador, que é a do registro competente dos dados coletados.

Outro procedimento é especificar os materiais coletados, distinguindo se se trata de jornal, panfleto, carta volante, ofício, cartaz, faixa, etc. Na impossibilidade de obter-se determinado material (uma faixa, uma placa), pode-se fotografá-lo.

4ª ETAPA: ANÁLISE

➢ Identificar as incorreções, fazendo a análise delas.

Essa etapa refere-se à análise de todo o material coletado. Nela, os alunos realizam a identificação das incorreções. Para tanto, os alunos podem procurar apoio em compêndios gramaticais, dicionários, qualquer material que possa fornecer um embasamento para tirar as dúvidas.

Evidentemente, o professor pode auxiliar nessa tarefa, mas sempre consciente para assumir uma atitude que desperte no aluno a busca pela resposta, concedendo-lhe não a resposta pronta, e sim os caminhos que conduzam a ela.

Note-se a diferença entre fornecer imediatamente a resposta e solicitar ao aluno que a encontre. Mas a procura pela resposta deve vir precedida da maneira pela qual ela deve ser feita, e não simplesmente mandar o aluno ir procurá-la.

5ª ETAPA: CONCLUSÃO

> ➤ Elaborar um texto, expondo as idéias sobre os resultados obtidos.

Todo trabalho de pesquisa possui uma conclusão. Propõe-se nessa etapa que os alunos possam elaborar, após analisado o material recolhido, um texto no qual haja uma reflexão sobre os resultados obtidos.

O professor pode, também, realizar um trabalho de questionamento em relação ao material apresentado. Diante de dezenas de materiais escritos veiculando inúmeros erros do acento de crase, o que se pode concluir? Quais os fatores que contribuem para a existência desses erros? Nível de escolaridade? Ensino deficiente? Português é realmente uma língua difícil?

Sobre o professor recai a tarefa importantíssima de fazer com que os alunos iniciem o trabalho de questionamento com base nos resultados a que chegaram. Não basta, entretanto, que a pesquisa se concentre numa coletânea de erros; faz-se necessário que essa coletânea seja analisada à luz dos pressupostos de causa e conseqüência.

Dando um exemplo. Como resolver o problema da violência urbana? Muitas pessoas dirão que basta aumentar o número de policiais na rua e o número de vagas nas penitenciárias. Aqueles que pensam assim tratam a questão superficialmente, pois abordam-na apenas em sua *conseqüência*; a *causa* da violência urbana espelha nossa situação social de profunda injustiça.

6ª ETAPA: DISCUSSÃO

> Discutir em sala de aula, por meio de painéis, seminários ou outra forma, os procedimentos empreendidos para a realização da pesquisa, as dificuldades inerentes a ela, bem como as conclusões a que cada aluno chegou.

Nessa última etapa, a da discussão, propõe-se uma espécie de mesa-redonda na qual os alunos apresentam os resultados a que chegaram, bem como relatam as dificuldades que tiveram para a realização da pesquisa, expondo-os aos colegas por meio de painéis, seminários, etc. Nessa etapa, os colegas estarão avaliando e discutindo os resultados, e caberá ao professor atuar como mediador ante as divergências que porventura apareçam.

Depois de concluída, a pesquisa terá de apresentar, então, uma estrutura textual formal.

Essa estrutura principia pelo título, que sintetiza o conteúdo. Na introdução, explicita-se o porquê do trabalho, fornecendo-se a diretriz que conduza o leitor a compreender aonde o pesquisador pretende chegar. Na análise, apresentam-se o material utilizado, a metodologia desenvolvida e o exame dos resultados obtidos pelo grupo. A conclusão trará o texto reflexivo dos alunos. Na bibliografia, mencionam-se as fontes (referencial bibliográfico ou outra) utilizadas para a análise do material.

A pesquisa obedecerá, então, à seguinte estruturação:

1. Título

2. Introdução

3. Análise

4. Conclusão

5. Bibliografia

Trata-se de uma modesta proposta de pesquisa, que, evidentemente, o professor saberá como ampliar, enriquecer e adequar a sua clientela.

Mãos à obra

I - Coloque a(s) ou à(s):

1. O professor fez ótimas referências _ atividade feita pelo nosso grupo de estudos. Mas todos desconheciam _quele regulamento. _ propósito, vocês obedecem _quele regulamento? Não compareceram _ reuniões que eram úteis _ pesquisas?

2. _ vezes, o pessoal sai _ escondidas da aula e vai _ lanchonete. Cheguei _ zero hora.

3. Nas próximas férias, iremos _ Bélgica, _ Suécia, _ Portugal e, quem sabe, _ Londres e _ Roma do Papa. Já fomos _ Paraíba, _ Pernambuco, _ Goiás e _ Mauá.

4. Graças _ Deus consegui o que desejava, pois me dediquei _ tarefas árduas, _ empresa e obedeci _ leis. Acho que vou voltar para _ Bahia.

5. Os documentos foram apresentados _ autoridades que, atentas _ modificações, recorreram _ justiça.

6. Todo ser humano tem direito _ liberdade.

7. Quando o trem chegou _ estação, corri _ farmácia _ pressas para tomar o remédio gota _ gota.

8. O coronel foi promovido _ general e o sargento foi agredido _ tiro ontem _ noite.

9. Eles não assistem _ filmes de violência, pois moram em locais sujeitos _ deslizamentos. E o quarto cheira _ mofo.

10. "Maria pediu _ psicóloga que _ ajudasse _ resolver o problema que _ afligia."

11. _ construção da casa obedece _ especificações da Prefeitura. Estamos sujeitos _ pagamento de impostos.

12. "Os adultos são gente crescida que vive sempre dizendo pra gente fazer isso e não fazer _quilo." (Millôr Fernandes)

13. Eu me candidatarei _ presidente da República. Distribuirei os cargos _queles que me apoiarem. O governo dará assistência _ classes menos favorecidas.

14. Desenhou uma casa _ lápis quando foram de carro _ Santos. Trata-se de carro movido _ álcool.

15. _ noite estava clara e os namorados foram _ praia ver _ chegada dos pescadores, quando o escritor se sentou e se pôs _ reescrever uma _ uma _ páginas do livro.

16. Não abras _ porta _ pessoas estranhas. O assunto se prende _ fatos passados.

17. De 2000 _ 2008 trabalhamos de segunda _ sábado. Aqui, todos têm devoção _ Santa Teresinha. Ano que vem, faremos uma viagem _ histórica Ouro Preto.

18. Estou resolvido _ decifrar o enigma. Peço _ senhora que tenha calma. Isto interessará _ ela, _ mim, _ ti, _ você, _ nós, _ todos.

19. Recomendamos _ Vossa Excelência que se previna, pois não deve aspirar _ uma carreira ilícita.

20. Estou remetendo _ Vossa Senhoria o orçamento da obra. E esta é _ lei _ qual fiz alusão.

21. O que disse ele _ senhorita? Que tem um estilo _ Machado de Assis? E que tem um romance _ publicar e que se achará _ venda em todas _ livrarias? Na aula, pôs-se _ falar loucamente, referindo-se _ Brasília das mordomias e _ Londres do século 19?

22. Chegou _ esta cidade sozinho? Não liga _ essa gente? Não revelou o segredo _ ninguém.

23. Nas águas revoltas boiava uma tábua, _ qual ele agarrou-se firmemente. Conseguiu chegar _ salvo _ outra margem do rio.

24. Dirigi _ palavra _ quem reclamava. Esta é _ aluna _ qual fez referência?

25. De volta _ casa, telefonei _ amiga dizendo que o presidente teceu elogios _ nossa empresa. De fato, dia _ dia ela foi crescendo, pois aliamos _ teoria _ prática.

26. _ vezes agrediam-se _ bofetadas, _ portas fechadas. Ele terá de aprender tudo sozinho, _ duras penas.

27. Chegaram _ uma praia deserta _ uma hora da tarde. Não deram importância _quilo.

28. Escrevi _ Susana _ mão (e não _ tinta) que no churrasco _ gaúcha o pessoal foi recebido _ bala.

29. "_ medida que envelhecemos, mais sábios devemos ficar." (Domingos P. Cegalla)

30. _ sua expressão, Fabi, me vem _ lembrança. Lembro-me quando ficamos frente _ frente, e você estava _ espera do namorado...

31. Comíamos bife _ milanesa quando _ polícia pôs fim _ lenda.

32. Magna falou ontem _ professora que havia contado tudo _ filha.

33. _ partir do dia 19 não haverá mais aulas. O professor não deu satisfação _ esse boato.

34. _ pizzas são feitas no forno _ lenha? Pois não falou nada _ ninguém.

35. Dizem que estamos bem longe de dar _ gramática _ importância que merece.

II - Na frase "Os testes foram distribuídos **às** candidatas inscritas", o acento em **às** denomina-se .... e, nessa frase, é ....

a) acento grave – obrigatório

b) acento agudo – facultativo

c) crase – obrigatório

d) acento grave – facultativo

e) crase – facultativo

III - Explique o uso do sinal de crase em:

"Vi-a sempre **à** distância de uma estrela" (Ciro dos Anjos).

I -

1. à aquele A àquele às às

2. Às às à à

3. à à a a à à a a a

4. a a à às a

5. às às à

6. à

7. à à às a

8. a a à

9. a a a

10. à a a a

11. A às a

12. aquilo

13. a àqueles às

14. a a a

15. A à a a a as

16. a a a

17. a a a à

18. a à a a a a

19. a a

20. a é a à

21. à à a à as a à à

22. a a a

23. à a à

24. a a a à

25. a à à/a a a à

26. Às a a a

27. a à àquilo

28. à/a a a à a

29. À

30. A à a à

31. à a à

32. à à

33. A. a

34. As a a

35. à a

II - a) acento grave – obrigatório

III - Locução prepositiva.

Breve considuração

Espero que, com a leitura deste livro, você passe a adotar uma outra postura com relação à crase. Que pode ter lá seus mistérios, mas, a julgar a forma pela qual você agora comece a vê-la, poderá ter também seus encantos.

Porque no momento exato em que se conhece determinado assunto de um segundo ponto de vista, de um prisma diverso, totalmente oposto ao quadro anterior de referências, o assunto deixa aquela áurea de mistério, de complexo, de difícil, de inacessível.

O caminho que leva a desbravar o mistério igualmente deve contribuir para o êxito da tarefa. Que não venha cheio de pedras, que dificultam ainda mais o percurso.

O raciocínio é o de que há a necessidade de propor que a realidade que acabamos de ver seja transportada a todos aqueles que precisam compreendê-la, mas de uma nova maneira.

Eis a razão deste livro.

Agradeço-lhe por me permitir isso.

De coração.

O Autor

Sérgio Simka

Mestre em língua portuguesa pela Pontifícia Universidade Católica de São Paulo (PUC-SP), atua como professor universitário em São Paulo. Autor dos livros *Ensino de Língua Portuguesa e Dominação: por que não se aprende português?* (Musa), *Comunicação e Discurso* (Iglu), *Português não é um Bicho-de-sete-cabeças* (Ciência Moderna) e *Literatura e Gramática* (Iglu), entre outras dezenas de títulos.

Criou um *site* (www.sergiosimka.com) para divulgar suas idéias sobre o fracasso do ensino de língua portuguesa e estratégias para rompê-lo.

Ministra cursos e oficinas sobre produção de textos, auto-estima lingüística e Português do Bem.

PORTUGUÊS Não É um BICHO-DE-SETE-CABEÇAS

Autor: Sérgio Simka

144 páginas - 1ª edição - 2008
ISBN: 9788573936629 - Formato: 14 x 21

Se você vive perdendo a cabeça por causa das dúvidas de português, seus "pobremas", opa, problemas acabaram. Este livro pretende mostrar, de maneira bem despojada, cheia de humor, que as regras da gramática podem conviver pacificamente com os neurônios de quem pôs na cabeça que português é difícil, deixando claro que conhecer o próprio idioma é dispor de um instrumento para a ascenção, ops, ascensão profissional. "Português não é um bicho-de-sete-cabeças", certamente, vai fazer a sua cabeça, pois apresenta a língua portuguesa de um modo que você jamais viu.

À venda nas melhores livrarias.

Raciocinando em Português

Autor: Cláudia Assad Alvares
672 páginas - 1ª edição - 2008
ISBN: 9788573937206
Formato: 16 x 23

A obra de Cláudia Assad intitula-se Ludi coletânea de jogos lingüísticos, aparentemente despretensiosos como o nome pode sugerir aos menos avisados, mas subentende um trabalho sério de pesquisa, um conjunto de exercícios bastante úteis e produtivos aos alunos de qualquer grau de ensino. O aprendiz vai poder vislumbrar o estudo da Língua Portuguesa, sob um outro viés, capaz de lhe oferecer oportunidades de interpretar e criar seus próprios textos. Os exercícios propostos contribuem para o desenvolvimento do raciocínio e para uma melhor e mais ampla conscientização do processo de estruturação textual.

Já há bastante tempo que se faz necessária esta ponte entre as pesquisas acadêmicas, que analisam as variadas facetas do fenômeno lingüístico, sob diversos enfoques teóricos, e os ensinos fundamental e médio. Portanto, esta proposta é muito bem-vinda e deve ser aplaudida, pois vem preencher lacunas no tratamento da leitura e da compreensão de textos. Temos certeza de que este livro será muito proveitoso aos seus diferentes leitores, alunos e professores interessados nos instigantes desafios do ensino de Língua Portuguesa.

Profª. Drª. Maria Aparecida Lino Pauliukonis

Professora Adjunta de Língua Portuguesa da UFRJ

À venda nas melhores livrarias.

Dicionário de Rimas da Lingua Portuguesa - Brasil

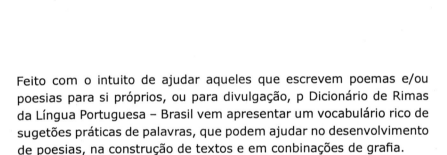

Autor: *Marcelo da Silva Macedo*
200 páginas - 1ª edição - 2008
ISBN: 9788573936896
Formato: 16 x 23

Feito com o intuito de ajudar aqueles que escrevem poemas e/ou poesias para si próprios, ou para divulgação, p Dicionário de Rimas da Língua Portuguesa – Brasil vem apresentar um vocabulário rico de sugetões práticas de palavras, que podem ajudar no desenvolvimento de poesias, na construção de textos e em conbinações de grafia.

O livro foi baseado no site homônimo do autor, em suas experiências e na troca de informações com seus leitores, a partir da qual a idéia do livro foi aos poucos sendo desenvolvida. Eis aqui o resultado, em suas mãos.

À venda nas melhores livrarias.

Impressão e Acabamento
Gráfica da Editora Ciência Moderna Ltda.
Tel. (21) 2201-6662